"부르릉, 부르릉."

폭격기 는 머리 위 를 지나갑니다.

"저거, 삐 29 지?"

영이 가 물었읍니다.

"아니야, 삐 29 는 더 큰 비행기 야, 삐 29 는 아주 높이 떠서, 푸로펠라 소리 도 잘 안 들려."

철수 가 일러 주었읍니다.

"부르릉, 부르릉."

폭격기 다섯 대는 기운차게 북쪽으로 날아갑니다.

"저 비행기들은 공산군을 쳐부수러 가는 거지?"

영이가 물었읍니다.

"그래, 우리 나라에 쳐들어온 중공 오랑캐를 쳐부수러 가는 거야. 저 폭격기들이 폭탄을 막 떨어뜨리면, 그 놈들은 쩔쩔매고 달아날 거야."

전시생활 1-1

비행기

(국민학교 1·2학년)

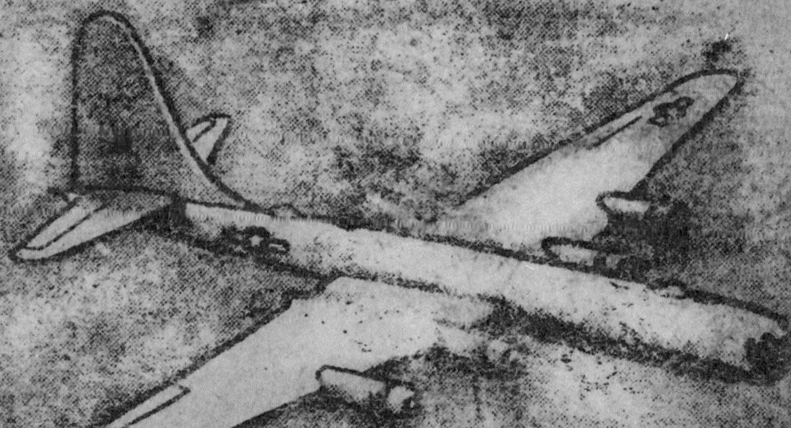

문교부

비 행 기 1

"부르릉, 부르릉."

비행기 가 날아갑니다.

파란 하늘 에 은빛 날개 가 번쩍-입니다. 모두 다섯 대 입니다.

"폭격기 다, 폭격기. 폭격기 가 떠-간다."

철수 는 크게 소리치며, 영이 를 불-렀읍니다.

폭격기 는 점점 멀어져 갑니다.

"국군 만세! 유엔군 만세!"
철수 는 멀어져 가는 비행기 를 바라보며, 큰 소리 로 만세 를 불렀읍니다.

"국군 만세! 유엔군 만세!"
영이 도 함께 만세 를 불렀읍니다.

"오빠, 비행기 그림 을 그려. 아까 날아간 폭격기 말 이야."

영이 가 말했읍니다.

"그래, 그래, 아까 날아간 폭격기 가 막 폭격 을 해서, 중공 오랑캐들 이 쩔쩔매고 달아나는 그림 을 그리자."

철수 는 그림 을 그립니다.

영이 는 옆 에서 보고 있읍니다.

"아유, 폭탄 이 막 떨어지네. 불이 나고, 연기 도 나고. 공산군 놈들은 무서워서 쩔쩔매고 달아나겠지."

영이 는 그림 을 보고, 손벽 을 쳤읍니다.

"그럼, 이 번 에는 국군 이 쳐들어가는 그림 을 그릴게."

철수 는 또 그림 을 그립니다.

영이 가 옆 에서 보고 있읍니다.

탕크 가 앞 으로 나아갑니다.

국군 이 총 을 쏘며 따라갑니다.

태극기 가 바람 에 휘날립니다.

중공 오랑캐들 이 막 달아납니다.

국군 아저씨들 은 참 잘 싸웁니다.

철수 는 그림 을 벽 에 붙였읍니다.

"엄마, 잘 그렸지? 오빠 가 그린 거 야."

영이 가 말했읍니다.

"참, 잘 그렸다. 이렇게 싸우느라고 국군 아저씨들 은 얼마나 고생 을 하시겠니?"

어머니 가 말씀하셨읍니다.

철수 와 영이 는 국군 아저씨 에게 보내는 위문품 을 만들기로 하였읍니다.

"어머니, 내 그림 도 위문품 에 넣어 보낼 테야,"

철수 가 말했읍니다.

"그래, 네 그림 도 넣어 보내자. 그리고, 그림 뒤 에 편지 도 써서 보냈으면 좋겠다."

"참, 편지 도 써야지.

하면서, 철수 는 그림 뒤 에 편지 를 썼읍니다.

국군 아저씨, 안녕하셔요?

이 그림 은 내 가 그린 거 예요. 참 잘 그렸지요? 오늘 비행기 가 떠가는 걸 보고 생각해서 그렸어요

공산군 놈들 이 쳐들어왔을 때 아버지, 어머니 는, 비행가 가 떠오-면, 참 좋아하셨어요. 그래서, 나 도 비행기 가 떠가면, 만세 를 불러요.

국군 아저씨, 이 그림 처럼 중공 오랑캐 를 막 쳐부수어 주세요.

나 는 괴란 을 와서 수용소 에 있어요. 얼른 집 으로 돌아가고 싶-어요

2월 1일

박 철수

수

비 행 기 2

철수 와 영이 는 뜰 에서 놀고 있읍니다

"쐐액, 쐐액."

어디 서 인지, 이상한 소리 가 들려-옵니다

"쩻드기 다, 쩻드기."

하면서, 철수 는 벌떡 일어나서, 하늘을 쳐다봅니다.

"저기 있다, 저기, 저기 쩻드기 가 떠간다."

철수 는 크게 소리쳤읍니다.

쌕드기 는 벌써 북쪽 하늘 로 날-
아가 버렸읍니다. 모두 네 대 입니다.

"오빠, 지금 지나간 비행기 는 참
빠르지?"

"그래, 참 빨라 그리고, 아주 무서운
비행기 야. 작년 여름 에 아버지
하고 피란 갔을 때, 저 비행기 가
벼란간 쌔액 하고 나와서, 기관총
을 쏘았었어. 공산군 이 죽는 것 도
보았어. 나 는 어찌 무서운지, 콩밭
에 숨어 있었어. 인제 저 비행기 가
날아가서 중공군 놈들 을 다 쏘아
죽일 거 야."

"저 비행기 는 사람 을 쏘아 죽이-는 비행기 요?"

"아니야, 저 비행기 는 불덩어리 대포-알 을 쏘아서, 집 도 부수고, 차 도 부순단다. 왜, 작년 여름 에 저 비행-기 가 양쪽 날개 에서 불덩어리 대포알 을 쏘는 걸 보지 않았어."

"옹, 참 봤어. 저게 그 비행기 로-
군."

"그렇지만, 정작, 저것 은 비행기
끼리 싸우는 비행기 래.
저 편 비행기 를 쫓아가서 쏘아
떨어뜨리려면, 빨리 가야 하지 않아?
그래서, 저렇게 빠른 거 래. 저 비행-
기 가 날아가면, 중공군 비행기 는
쩔쩔맨대."

"부으웅.

또 비행기 한 대 가 날아갑니다.

"정찰기 다. 국군 비행기 다 만세!"

철수 는 크게 소리치며, 만세 를 불렀읍니다.

"오빠, 저 비행기 가 국군 인 걸 어떻게 아오?"

영이 가 물었읍니다.

"저것 보아, 비행기 날개 에 태극 이 그려 있지 않아?"

"참, 국군 비행기 야, 만세! 만세!"

영이 도 큰 소리 로 만세 를 불렀읍니다.

"오빠, 저 비행기 는 무얼 하는 비행기 요?"

"저건 정찰기 야. 공산군 놈들 이 어디 숨어 있나 찾아 다니는 거 야.

국군 이 탔어! 나 도, 이담 에 크거든, 비행사 가 될 태야."

철수 는 뽐내며 말했읍니다.

얼마 있다가, 또 푸로펠라 소리 가 들려 왔읍니다.

"오늘 은 비행기 가 창 많이 뜬-다. 또 오지?"

철수 가 말했읍니다.

"응, 저기, 이 번 에는 한 대 야. 오빠, 저 비행기 가 자동차 도 찌-입차 도 싣고 다니는 거 라지?"

"그래."

"저 비행기 에는 별 을 그렸네. 저건 어느 나라 비행기 요?"

"저건 미국 비행기 야, 미국 비행기 에는 하얀 별 을 그렸어.

지금 우리 나라 에는 우리 를 도와주는 유엔 여러 나라 의 군대 가 와 있는데, 나라 마다 군대 의 표 가 다 다르단다.

참, 영이 야, 우리, 우리 나라 에 온 유엔 여러 나라 의 국기 를 알아 볼가?"

"그래, 오빠, 우리 그것 을 잘 그려서 벽 에다 붙여 두어."

〔다음 그림 은 철수 와 영이 가 알아 본 유엔군 여러 나라 의 국기 입니다. 다음 국기 에 맞는 색 을 칠합시다.

유 엔

가 나 다

쿠 우 바

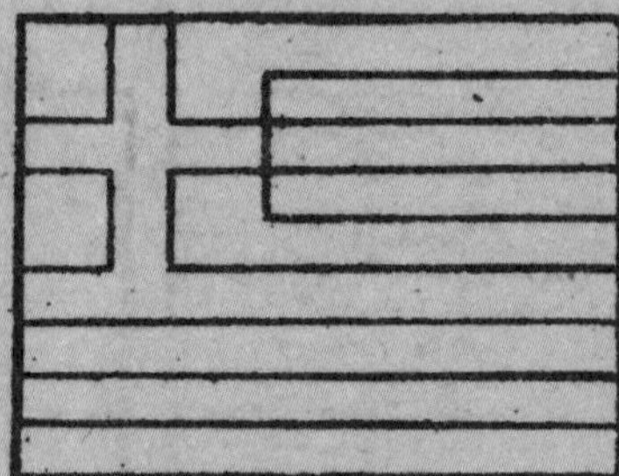

끄리시아

남아프리까 연방

뉴우질란드

덜 기 예

룩 셈 불 끄

미 국

벨기이

에디오삐아

영 국

네델란드

오오스뜨랄리아

꼴롬비아

타 이

프 랑 스

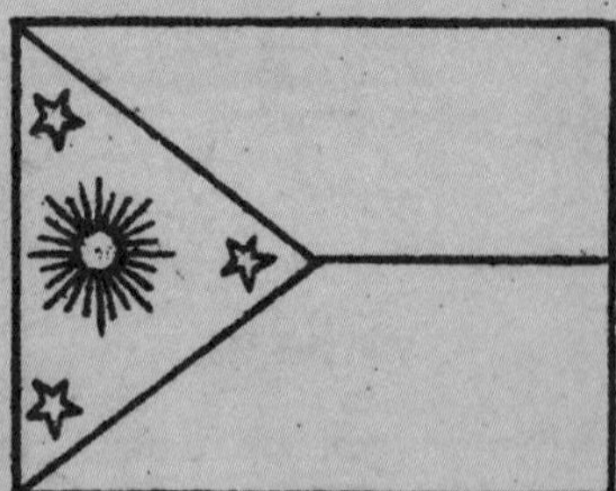

필립빈

비 행 기 3

금수 강산 삼천 리,
역사 반만 년.
백두 산 의 힘줄기
뻗어 진 나라.

철수 와 영이 는 촌길 을 걸어-오며 노래 를 부릅니다.

어머님 의 심부름 을 갔다 오는 길 입니다.

"부르르릉, 부르르릉."

푸로펠라 소리 가 들려 옵니다. 얼길이와 영이 는 하늘 을 쳐다보았읍니다.

"야, 잠자리 비행기 가 떴다." 얼길이가 말했읍니다.

"야, 잠자리 비행기 가 떴다." 영이 도 말했읍니다.

잠자리 비행기 는 천천히 날아옵니다.

"언니, 저 비행기 는 참 재미있는 비행기 야. 푸로펠라 가 위 에도 있고, 뒤 에도 있어서, 아무 데 나 내려 앉는다지?"

"그래, 난 학교 마당 에 저 비행기 가 내려 앉는 걸 보았어. 잠자리 처럼 사르르 내려 앉는데, 참 용해."

"아저씨 가 그러시는데, 저 비행기 는 무거운 짐 도 매달고 다닌대. 찌입차 를 매달고 한 강 을 넘어-가는 걸 아저씨 가 보셨대."
영이 가 말했읍니다.

"아무 데 서나 뜨고, 어디 든지 내려 앉으니까, 참 좋을 거 야."
철수 가 말했읍니다.

"잠자리 비행기 는 어째서 똑 바-
로 하늘 로 올라갈 수 있을가?"

영이 는 참 이상하다는 듯이 말했읍니다.

"그것 은 위 에 있는 푸로펠라
가 돌기 때문 이래."

"나 는 모르겠는데."

"그럼, 우리, 얼른 집 에 가서 장-
난감 비행기 를 만들어서 날려 보자."

"무슨 장난감?"

"있다가 보면 알아. 얼른 따라 와."

철수 와 영이 는 빨리 집 으로 돌아왔읍니다.

철수 는 댓가지 를 납짝하게 깎아-
서 푸로펠라 를 만들었읍니다.

"그걸로 뭘 만드오?"

"가만 있어, 조금만 더 기다려."

철수 는 푸로펠라 에다 가느다란 댓가지 를 깎아서 꼭 끼웠읍니다.

"다 됐다. 댓가지 비행기 야. 잠자-
리 비행기 처럼 올라갈 테니, 잘 보아."

철수 는 영이 를 데리고, 밖 으로 나왔읍니다.

철수 는 댓가지 비행기 자루 를 두 손바닥 으로 비벼서 날렸읍니다.

윙' 하고 댓가지 비행기 는 하늘 로 올라갔읍니다.

"오빠, 인제 알았어. 참 재미있어."

영이 가 말했읍니다.

"알겠지, 참 재미있지?"

철수 가 말했읍니다.

금수 강산 삼천 리,
역사 반만 년.
백두 산 의 힘줄기
뻗어 진 나라.

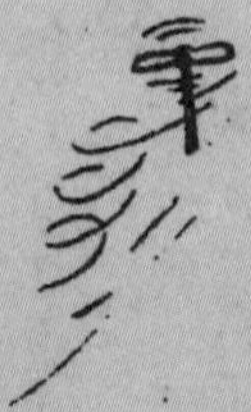

철수 는 노래 를 부르며, 댓가지 비행기 를 날렸읍니다.

영이 는 댓가지 비행기 가 날아 올라갈 적 마다 좋아라 고 손벽 을 쳤읍니다.

"오빠, 나 도 한 번 날려 봐."

영이 가 말했읍니다.

"응, 날려 봐."

영이 도 댓가지 비행기 를 날렸읍니다.

(이것 은 철수 가 만든 댓가지 비행기 의 그림 입니다.)

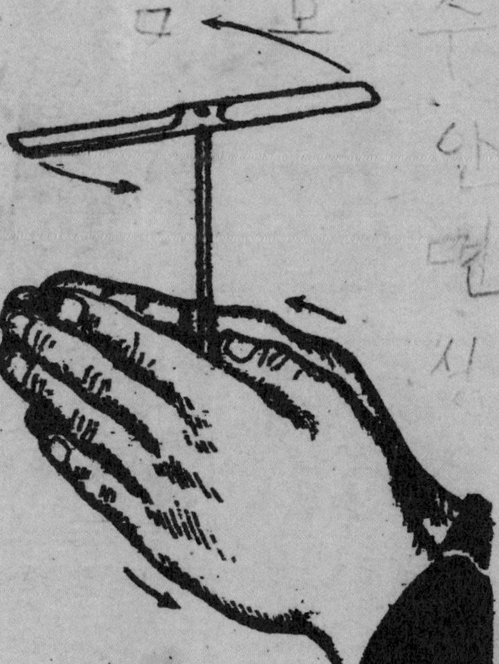

지도상 주의

이 교과서는 비행기를 주제로 하여 어린이의 생활을 발전시키려는 취지로 편찬한 것임.

1. 독해력이 붙지 못한 1학년 학급(특히 전재 지구)에서는, 그림을 보이는 것을 주로 하여 자유롭게 이야기하도록 하고, 교재는 필요에 따라 교사가 읽어 줄 것. 글자를 억지로 가르치고자 하지 말 것.
2. 독해력이 붙은 1학년 및 2학년 학급에서는 그 정도에 맞추어 국어과 교과서로서 지도할 것.

단기 4284년 3월 20일 박음
단기 4284년 3월 25일 폄

전시 생활 1-1
비행기

값	피란 학생에게 거저 줌

지은이 겸 편이 문교부

박은이 합동도서주식회사 대표자 양이영

9 788959 551088
13700